Naslov originala:
Jeton Keljmendi: DOBA LJUBAVI
Udruženje književnih prevodilaca Crne Gore, Podgorica, 2018

Prevedel: Jože Brenčič
Lektoriral in uredil: Robert Titan Felix
Oblikovanje in prelom Volosov hram
Motiv na naslovnici Depositphotos
Izdal Zavod Volosov hram, Pekel
Za založnika Katja Titan
Tisk po naročilu
Pekel 2019

CIP – Kataložni zapis o publikaciji
Univerzitetna knjižnica Maribor
821.18-1
KELMENDI, Jeton
        Čas ljubezni: pesmi / prevedel Jože Brenčič. – Pekel
: Zavod Volosov hram, 2019. – (knjižna zbirka Amonit)
Prevod dela: Doba ljubavi
ISBN 978-961-94524-8-6
COBISS.SI-ID 96127745

Jeton Kelmendi

ČAS LJUBEZNI

Pesmi

Prevedel Jože Brenčič

PEČ OB PETIH ZJUTRAJ

Za mojega očeta

Mesto spi
Noč in ljudje so spali
Tišina je naredila premor
Od izčrpanosti preteklega dneva.
Prav na ta način se je zdanilo v Peči
Mesto se je spustilo ob petih zjutraj.

12. aprila,
Ni lahko deliti vsak dan
Nekdo sanja pomlad,
In nekdo drug je vse zapiral;
Vse zgodbe in želje zase,
Od zdaj dalje je treba spati brez sanjanja.

Tudi jaz sem spal
Celo sanjal sem
Videl sem očeta, kako odhaja
V šumu,
Čeprav je bilo videti, da je zgodaj za v planine.
Moj oče je
Bil vedno zgoden,
Toda tega dne je bilo res zelo zgodaj
Bil je buden,
Da bi šel čez most, ki povezuje
Ta svet z drugim.

V Rugovi
Moški ponosno umirajo,
Ker jih je narava tako naučila.

Spomnim se očeta
Vedno ko je opravljal svoje delo
Ki si ga je sam dodelil
Je bil navdušen
In sprečen ves dan.
In je hodil
Bil je petek
Moj oče
Tiho kot še nikdar
Pripravljen v vseh svojih sanjah
je vstopil v spanes brez sanj
Svobodno domovino
Je pustil za sabo
Čeprav je imela njegova dežela dosti
dolgotrajnih izzivov.

Njegovi sinovi so mu bili blizu:
Tako je zaprl oči
ne da bi gledal v zelene prostore pomladi,
Oče.

Oh, pomlad
Ta krasen letni čas
Vedno odvzame pomen retoriki
Ampak tokrat je vzela
Mojega očeta

Od zdaj najprej bomo živeli
Z več hrepenenja
z več spomini, več zgodbami
Vse se bo pomnožilo
Samo predlogov bo manj
Ker našega očeta ni več tukaj.

Priština, 12. junij 2013

MOJA ŽELJA V ČAMERIJI

Nič ni boljše od vrnitve
Kmet se vrača na svojo njivo,
Obdan s pomenom življenja
Vidim čamana* iz Filatije.
Kot se ljudje v svoji državi
Vračajo v grobove svojih prednikov.

Rad bi zagrizel
Rdeče jabolko v Čameriji
Vsaj nesel ga bom s sabo in kasneje pobral vesla,
Moral bom vsaj nek čas paziti nate.
Kdo pripoveduje pesem, o Dardaniji,
Zvenečim zvezdam
Vse o tem posvečenem srcu.

Ko sem neopazno pretegnil svoje telo
Nekega dne brez mečkanja garderobe, brez basanja
In meščani prihajajo k meni, prihajajo naprej.
Dobrodošel brat moj v Čameriji, Albanija.

Kaj je z globokimi koreninami
Moje jabolko v Čameriji ...
Sveže sadje.

---

* *Čaman človek iz Čamerije, albansko ozemlje v Grčiji*

Nič ne prinaša večje bolečine,
Moja duša to ve.

Kot večen sen,
Kako tam narediti poroko?
Dajmo zasaditi bodočnost upanja.

PRIDI MALO BLIŽE

Povej mi besede, ki jih znaš
Besede, ki jih imam rad
Izvlečene iz drugega jezika,
Ki prihajajo na tvoje ustnice.

Odpiram dušo, kot knjigo
V celoti
Da okusim kislost
Ljubezni.

Čakam zdaj,
Kot včeraj, kot danes,
Kot jutri
Izgovoril si besede, tako da.

Pridi malo bliže.

HRUP

Dan je odkril svoj glas
Iz naše tišine
Mirnosti.

Nesigurne misli
Javne
Današnji največji egoist
Politik X.

Med njegovimi smejočimi očmi
Čas
Trese svoje nečiste
Roke
Medtem ko v sredini tega
Novice
Lažni križi
Resnica v vsem tem hrupu
Njegove besede, besede, besede
Vse neresnične.

LJUBEZEN V ČASU VOJNE

Včasih želim, da se zgodijo
Drugačne
Te stvari
Na primer, rad bi da me
Obdaja gosta megla,
Vse dokler se lahko meja
Prečka,
Tam čez predvsem,
Kjer sem nekaj mesecev prej
Videl dekle
S skodranimi lasmi,
Samo videl sem jo
In kasneje sanjal o njej,
Zaljubil sem se.

Ampak na koncu,
To je vojna in ne poznamo
Prihodnosti
Vsak dan borba s smrtjo
Te zgodbe, kje je
Eden ali drugi
Padel za svobodo,
Ali druge vesti,
Kot da je sovražnik
Uničen
To so vsakdanje rutine.
Najbrž tega ne morem deliti s prijateljem.

MOČ NEZMOŽNOSTI

Samo naprej na komaj goli poti
Dvakrat je obilje, da ji ustaviš hojo,
Ne čakajte.
Tomas Transtremer
(Nobelova nagrada, 2011)

Presenetljivo
Kako je daleč blizu.
Ne da se videti niti, ko se oči
Spuščajo druge za drugimi;
Duhova sta povezana,
Čeprav se misli niso spoznale.

Sem v položaju, da pomagam sebi
Ostani tako blizu, gledaš me,
Vem, pozabljaš, v popolnosti
Ignoriraš me.
Molim za tradicijo mogočega
Nemožnost impotentnega.

Sanje in želje za drug pomen
So razporejene v stotinah možnosti,
Dokler tvoj um razmišlja
Nemogoči elementi jemljejo moč.

Dve imeni,
Povezani z dvema besedama,
Moraš se vrniti v notranjost sebe,
Čeprav ima tudi nemogoče svoje,
Možnosti, prihajajo in odhajajo
Dve različni stvari:
Razlog in pomanjkanje razloga

In vračam se vase
Vi ste močnejši od nemogočega,
Emigracija.

Želim pobegniti od sebe,
Vse dokler ne pride za mano,
Včasih odhaja:
Nekoč prihaja
Možnost zla
V vsaki veri;
Materialno,
Kot vsa telesa skupaj
Na nebu
Odrastel je
Ostala bo majhna
Pred ljubeznijo, ki jo imam

Zate, zame
In jo prepričati,
Verjemi v možnosti ali tudi vase
Kako bi se lahko boljše reklo?

Sredi čela
Udari glavo,
Pobegni od sebe,
Od nemogočega,
Kriči svoje besede
Svoje misli
Ker so tvoje,
Dvakrat ti obljubljam
Zame in zate.

Danes postaja jutri
Včeraj postaja danes,
Ne odlagaj najinega potovanja
Resnica postaja sen.

HREPENENJE

Mislim, da mi slediš
Dolga potovanja misli
Vsako jutro
Skromnega večera.
Moj cilj je križanje vesoljcev,
Kjer je vidljivo nevidljivo
Obravnavani bodo pravično
Spremljaj me kot senca spremlja telo
In ostane v meni.
Se me spomniš, moj oče,
Njegove prepričljive besede
In jaz še naprej
Čutim gnus.

Še več,
Ne puščaj me samega
V moji kolektivni osamljenosti
Ker me celo spremlja
Po poteh mojega življenja
Pa tudi začenja zadnje besede
Od začetka
Vse
Kar deli zajtrk od večera
Nostalgija,
Spomni se svojega odhoda
Kot feniks
In povelja:
Boljše tri dni, človek!

Spremljam to robo
Od njegovih korenin 12. aprila,*
Veje raztezajo življenje
Koliko življenj imam.

Bruselj, 15. 5. 2013

* (12. aprila je umrl moj oče)

MISLI DUHA

Ko nič drugega ne ostane,
Naredi to: Umri in vstani! –
Nisi samo žalosten obiskovalec
Na svoji razsuti zemlji.

J. W. Gete

Stotino potovanj
Ko se srečajo čudeži
Razen nemogočih
Priložnosti
Dva pogleda se spojita drug z drugim.

To je pol zgodba, pol legenda
Manj solarna, bolj lunarna
Šla sva in šla,
Postala sva resničnejša

Verjemi (Besa)*
Naša beseda duše
Z današnjim dnem
Dnevi sledijo drug drugega
Veš, draga,
Ne postani tiha jutri.

Besa v albanskem jeziku pomeni verovati.
To je edinstven izraz pri Albancih.

Kolikokrat
Kličem tvoje ime
Angeliziram besede,
Moj angel
Kadarkoli utihneš,
Pogovarjaj se z mimiko, ki več pove
To so misli duše.

PRVA DAMA RAZMIŠLJANJA

Bodi neumen, in nauči se biti naiven
Da boš prepričljiv,
Ne skrbi: preživel boš in boš srečen.
Paulo Koelho

Razvrščene so kot poslanci v parlamentu
Moje misli,
Razmišljajo tačas
In dnevi, ki gredo.

Ena
Vstane in spregovori za
Zimsko hladno vreme,
Nekaj mora vzeti
Njegovo zamrzovanje je šlo skozi mene.

Druga
Pritožuje se nad čivkanjem
Ptic,
Zdaj ne poslušajo približno, kako dolgo
Utripajo gore.

Ta bela misel
Polemizira sama sebi:
Ne, ni.
Da, je.
Prisotna, prva dama razmišljanja.

Na koncu seje
Plenarno zasedanje.

SKRAJŠANA DALJAVA

Čez noč nocoj
Srečen dan jutri
Izven jutri
Ponovno druga noč,
Bliže sem tebi.
Jaz in ti sanjava drug o drugem
In tako gre čas,
Štejeva ga
Podnevi in ponoči.

Veseliva se drug drugega
Medtem ko beživa od naju,
Pa naju čas gleda
Med merjenjem najine daljave
Dan in noč.

Tam živi, ti in moje misli
Tu, jaz in tvoje misli
Kdo šteje dneve,
Danes zvečer, eno noč sva bliže
Bliže mislim
Kot bi lahko bili drugi
Kako zgleda
Ti in jaz, draga moja
Imava svet
Povsem drugačen.

KRST DUŠE

Trenutek bo sprejel čas
Ni treba, da je drugače, ko se imajo ljudje radi.
Odisej Elitis

Ignoriran od zakonov in pravil
Se pripravi
Da te gledam z modrimi očmi
Te ujamem:
Rečem besedo
In potrkam
Kot Kristus,
Da krstim z dvema imenoma
Z obema, mojim in tvojim
To je življenje.

S prvim imenom
Krstim čas
Z drugim
Misli, ki se nama približujejo:
Tokrat
Ti si sam tvoje misli
In v svojih mislih
Si ti samo čas.

Želim si
Da bi sonce postavila izven
Mojega rojstva
Vstani med nama
In pojdi dol

Izven sebe.
Jaz in ti pojdiva čez
Pot
In greva na drugo polje
Kjer čakajo nadaljevanje?

Ljubljana, 23. marec 2011

MATERINA BESEDA

Beseda
Pred vsem
Besede
Ki sem se jih naučil po albansko,
Kako lep je bil
Pomen
Mama je
Najlepša beseda, o kateri
Nekdo lahko govori
Ima dva pomena:
To je vse, kar vemo
Tisto, kar slišimo
In omenjamo z veseljem
Tudi, ko smo v težavah,
Njen pomen je
Zame
Življenje v pravem smislu.

Kolikor se spomnim,
Sta me tedaj naučila veliko besed
Šola in življenje,
Ampak zame
Mama
Ostaja največja beseda
Najslajša
In najpomembnejša.

Boljša od česarkoli,
Kar se doseže v življenju.

PRIDI NA MOJO STRAN

Pomisli, da lahko narišeš mavrico
V svoji dnevni rutini.
Ruth Mayer

Nekako
Podobna ti je
Moja želja
Lahko povem svoje mnenje,
Ki ga imam o tebi
Pa sem še vseeno nedorečen.
Ta podoba je načeta
Ruši svoj videz
In odmeri možnost,
Čeprav
Samo moja širina ve, kako razumeti,
Kako sta podobni.
Podpiraš mojo željo
Postani duša, ki vodi mojo dušo
Ampak
Želja je podobna tebi
V mojem iskanju tebe
Mislil bom še več
Daleč sva, zelo daleč
Moja draga podobnost.
Izmeriva najine razlike:
Verjemi vase
Jaz bom čuvaj tvoje duše

Preskoči ograjo tišine
Ostani na moji strani
Kdo ne bi razlikoval podobnosti?

Bruselj, 26. februar 2012

HODIM PO POTI DRUGIH

Zaljubite se v mislih,
da se bosta nekega dne sovražila,
In sovražite z mislimi,
da se boste nekega dne zaljubila
Bias De Priene

Ne zamujaj!
Ure se nizajo kot vojaki, noč je nevarna!
Na ulici
Tišina trka na moja vrata,
Danes je ni noter.
Odšla je ven
In daleč
Daleč od doma
Daleč od mene
Daleč z mano

Daljava
Ure so tukaj, da bi se premagala
In sam sem
Vse gre svojo pot

Samo jaz na poti drugih
Odhaja del mene

Ne vidim njenega konca
Noč je skrila mojo pot
Velikokrat pravim sebi
Ne zamujaj!
Noč je strašna.
Kaj jaz sploh lahko ljubim?
Za čem hrepenim?
Sem se spraševal.

Ritem misli je podoben
Nekoliko:
Hooo… se začenja zgodaj
Tišina
In razumem
Sanjal sem
Mojo ljubezen
Ne bom je našel niti v sanjah
Kam si skrila
Sledi
Na katerem nebu spiš?
Jutri zvečer
Bom prišel
Nekaj ur spanja potepuha s tabo
Danes sem hodil po poteh drugih.

Bruselj, 1. september 2012

LJUBEZEN IMA DVE ŽIVLJENJI

Povejva z besedami
Primerjajva jo s svetlobo
Tisoč pomenov
Dajva, odidiva.
Vstopa nama skozi pesmi
V poeziji
Vsak dvojni smisel
Ima dva smisla.
Moč vseh čudes se ne stara
Ne stara se
Ni tenka,
Prihajale so
Samo sestajajo se in prenašajo

Ljubezen ima dve življenji:
Enega kot najino
Kot magija sijajnega.
Spi v enem
In budi se v drugem.
Živi oboje
Bolj razumna stvar
Ne obstaja.
Njeno življenje premika meje.

ŠKODLJIVE MISLI

Visoko telo
Blaga misel
To prihaja in me prežema ponoči
Tik pred spanjem.

Odmev
Kot noč, ki sva jo ljubila
Hitreje
In hitro sva odšla drug od drugega.
Neobvladljiva misel, ki veže
Jemlje mi čas
Napada me
Da bi te ljubil še enkrat
Kot to prvo minuto.

Kot poreden otrok
Neobvladljiva misel
Obsedla me je s svojo ljubeznijo.
Ah, misli, škodljive misli!

TAM KJER ŽIVIJO BESEDE LJUBEZNI

Domovina je ljubezen.
(kaj je naredila Albanija
in kaj bo naredila 1899)
Sami Frašeri

Iz prahu,
Kjer ima življenje svoje korenine
Mogoče tudi dalje.
Kjer ni besed, ni tišine
Razen misli
Kjer se srečujejo možnosti?
Gredo daleč preko svojih meja
Globja je
Beseda

Beseda ljubezni osnove
V krvi, v duši
In širše…

Uči naju, kako je lahko življenje pomlad
Če se spopada s svojim tokom
Potem to razumem
Domovina
Ljubezen ljubi nad vsem
Tega leta slavimo stoto obletnico,
Pred sto leti

Rojena v Vljori *
Skrita
Rdeča in črna

Ampak, zato bolj ljubi
Prej kot svoje okove.
Nekako se nauči ta zgodba

O besedah ljubezni.
Obstajata dve poti
Po katerih živimo:
Ena v dnevnem času
In ostali
Čas ljubezni.
Obstajajo tri ljubezni:
Za Albanijo
Ena življenje,
A druga za dekle.
V novembru proslavljamo mojo ljubezen.

---

*Vljora e mesto v Albaniji, kjer je bila proglašena
njena neodvisnost 1912.

IME ZVEZDE

Za Bekima Fehmiu

Dal je reko zvezi
Bistrici v Prizrenu,
Začel je s koncem življenja.
Spominjal se ga je
Za etnično pripadnost, albanski trup
S svetlobo v duši
In duh je krojil valove
Odpotoval do neme umetnosti,
Vse dokler ni postal zvezda svojega obzorja.
Nekega dne,
Ko je bil zadovoljen z vsem tem
Je odprl oči proti Soncu
In njegov napad:
»Žejen sem v duši.«
Potem je šel v Prizren,
Kjer mu je dana vera
Da je postal kozmičen prah
Odšel je do obale
Arbre
Direktno v večnost.
Zato življenje krsti zvezde.

Bruselj, 12. julij 2011

NAJINO BOGASTVO, KI SEM GA NAŠEL TAM

Na hribčku, kjer dih spušča paro
So nekje puščeni neki sledovi
Dve jesenski noči in najini poljubi
Gor izven pozabe.

Od tega dne in danes
Koliko noči in duš je odšlo
In spet sem našel sam najine stvari
Z dušo, ki se je gibala
Preostali spomin
Na umu
in večere, ki jih pogrešam:
gledala sva drug drugega
Iz oči v oči
Drugi hribček
Kot priča dogajanja,
Ki se nadaljuje,
Z briljantnim angelskim duhom,
Ampak tu narava čuva eno ljubezen
In pesem, ki jo bo odpela.
Tukaj in tam.
Nema v sredini
In beseda se nadaljuje:
Dokler je ta hrib tam, kjer je
Najdi svojo noč in najino ponovno srečanje.

Švedska, 24. 12. 2009

LEGENDARNO

Kako pogosto slišim o smrti človeka
v moji državi,
Del mene umre.
        Ibrahim Rugova

Od prvega človeka
In tukaj
Se sliši glas nekoga
Neka druga beseda
Preroška je bila,
Drugačna
Drugačna smer
Samo ista pravila.
Na ta način potujemo skozi leta
In tisoč let je prišlo
Z glasom besed
Domovina
Ta bučni glas
Vrača se Albancem
Adamu in Evi.
Ves ta čas
Spodaj smo imeli hudiča,
Nad Bogom
Hvala Bogu, on nas je pripeljal
Sem.

Rečeno je,
Ukradeno je
Beseda in glas
Čas je, da pride svoboda,
Legendarno bistvo
To je izven mitologije.

Bruselj, 12. maj 2009

TU SVA SE SREČALA

Dajva, odpočijva si tu
Na vrhu misli, med zvezdami
Nad najinimi željami.

Kje je potem ta kraj?
Lahko vidiva drug drugega z najinimi očmi.

Vem, da je to dolgo potovanje
S tabo grem kot spremstvo
Sončne svetlobe, ker ni dovoljeno, da potuješ sama.

Veliko planetov, veliko sozvezdij
Polna nebesa, ki naju čakajo v svetlobi življenja
Draga, pojdi, pojdi od sebe
Srečala se bova tam
Pojdiva skupaj k najinemu življenju

Den Hague, Nizozemska, 29. 11. 2012,

SPREMLJANJE

Izbrisali so moje spremljanje
Zlih slabih časov,
Ne da bi pustili sled
Ustavili so moje korake
In hojo.

Povej mi besedo za potovanje
Ko sledovi niso znani,
Čas ali priložnost
Za najdbo sledi ne obstaja.

S hojo skozi življenje,
Odtisi, ki so nas privedli
V enaindvajseto stoletje
Je čas pustil v nas neizbrisno sled.

Pred dva tisoč leti
Je bil planiran Ilirik preko polotoka,
Zato so steze dobre
Ah, moji koraki.

Milano, Italija 30. 8. 2012

SLED ŽIVLJENJA

Minili so mileniji in stoletja
Mračna leta in dobe
Ki so ustvarile gene,
Brez scenarija
Več gibanj
Potem sem prišel k sebi.

Spet me sprašujejo a nastanku genov,
Kjer naredita Bog in človek
Dogovor
Življenje se začne iz korenin.

Določen v dnevnih časih,
Da čuva življenje
Ali celo da odraste
Sploh kdaj
Daje življenje življenju.

In stotine tisoče življenj in dogajanja
Se bo pojavilo in izginilo
Življenje nadaljuje svojo pot.

Geni so dobrodošli in sledijo čase,
Kljub času, bo čas pokazal
Poreklo antike,
Torej, to so moji geni.

Paris, 6. 10. 2012

DA SE NE POZABI

Domovina, stoletnica neodvisnosti

Nekega dne
Mogoče je najboljši dan
V življenju
Preprosto sem šel v misli, brez izkrivljanja
Brez kakšnega oklevanja
Danes
Želim svoje korenine.

Nenavadeno
Navadno
So dali med dva pola,
Resnico in laž
Pojdi, takoj najdi resnico.

To ni popolno pojasnilo
Tisoče let potovanj
V nevarnih časih,
Ne pozabi
To je naš dan
Postal je stoletnica.

Jesen je
In deževno vreme
Kot danes,
To je lahko.

Zgodovinarji pravijo
To je bila srečna jesen,
Čeprav je na žalost polovica
Domovine izven zemljevida.

Ne pozabi tega kratkega potovanja,
Ki je pravzaprav dolgo.
Od novembra,
Ko je Albanija imela
66 let
Sem prišel na ta svet
Zdaj bova domovina in jaz proslavila prvi rojstni dan
Skupaj.

Skupaj ali posebej?
še vedno ne veva.

Kdo i si mislil,
Da rabim potni list,
Da bi lahko šel v domovino.

Kdo sem jaz?
Se pogosto sprašujem v svoji neumnosti.
Ni prvi, ne drugi odgovor.

Na TV
včasih slišim, da sem Kosovec
Včasih Albanec
Celo, ko je to potrebno:
Kot nekdo, ki nam govori o projektih,
O glavnem, nacionalnem, patriotskem in drugih.
Ni pomembno.
Želim vedeti, kdo sem?
To vprašanje je vedno brez odgovora.

Vsako jesen
Ko pride november.

Sedemindvajseti * in osemindvajseti *
Je moje srce izpolnjeno s hrepenenjem,
Poveličuje dve govorici, ki se ne menjata
To življenje in
V tem življenju.

Bruselj 27. 11. 2012

---

* 27. novembra je avtorjev rojstni dan.
* 28. novembra je dan neodvisnosti Albanije.

VSI MOJI ZNAKI

Enkrat
Ko sem želel ljubiti.
Kot v mojih sanjah, mi je poezija ponudila
Najčudovitejši stih,
Trenutki ljubezni so kratki
In čas je odšel od mene.

Oči so se mi napele da bi me zbudile
Ali se le sanjal,
Na koncu koncev, pričevanje ni pomembno
Lepo in strašno
Katero izbrati, katero opustiti.

Nekako sem
Začel nedokončan tekst življenja
In zanemaril sem
Pravila igre,
Vse dokler se ne ugotovi razlog
Rešitev vseh nerešenih.

Nad željo, nad samoto
Hitra igra, končana igra.
Že malo utrujen in malo pokvarjen
Sem prišel do zaključka
Da postavim piko na stih,
Ekscentrično piko poezije.
Vrnimo se k sledeči varianti ljubezni.

Moč nad močmi je rekla
To je.
Tudi tisti, ki so si jo izmislili, niti jaz zdaj
Ne poznamo obredov magije.

S struno v duši, z lirsko poezijo
Razdvajajo divizije, dele divizije.
Še eno stvar, ki sem jo dal v zgodbo
Ampak tiho, celo navdušeno,
Da ne bi nikoli našel pohlepa.

Ljubezen.
Ta rdeča rastlina, stara
V zemlji, je korenina,
V kakšni zemlji,
Kdo ve točen odgovor
Trup mora biti poezija,
Za svobodo.
Tako so mi rekli tisti, ki so to vprašali
Oboji po malem.

Za ritem hoje
Je odprt ta smisel pomena,
Izvlecite malo ljubezni iz poezije,
Pesem ljubezni.
Vse vaše življenje bo razumljivo.

Bruselj, 10. april 2011

KO GREŠ V SARAJEVO

V življenju je vseeno nekoga treba pustiti za sabo
Bili smo dolgo v puščavi …
                    Abdulah Sidran

Iz Evrope z dogodki
Spomina iz devetdesetih,
Sem prišel v mesto teh ljudi
Govoril sem z občudovanjem
In pustil svoje oči na zidovih
To je lepo
Čuvajo žalost
O moj Bog,
Kako nečloveško je človeštvo
Naš čas,
Čas ni imel nikakršnega
Razmisleka za človeštvo
V tem mestu,
Kjer se je začela prva svetovna vojna.
Točno tukaj,
Kjer so bile olimpijske igre,
Danes,
Na pomladni dan,
Sva prišla moj prijatelj in jaz Prihajajoča
Čez Atlantik.

Vsak s svojimi lastnimi spoznanji
V Sarajevo.
Govoril je o televizijskih zgodbah
Tudi jaz sem
O času, ko je bilo vredno življenje
Petdeset centov

Prav toliko stane naboj,
Naboj je enak enemu življenju
Izgubljenemu
Takrat sem bil še vedno otrok.

Življenje in smrt
Razdelil je fini del
Tako, da nam on govori, umirjeno;
Bosanski pisac Sabahudin Hadžialić,
Med tem, ko vozi avto, ki
Nas vozi na festival
Sarajevo zima.

Luknje od krogel
Skozi zidove hiš
Skupnosti s preživelimi,
Ko tistim, ki prihajajo od zunaj
Govorijo o strahotah
Za črno piko stoletja

Dvajsetega,
Ali to nosijo vsi ali ne
To je druga skrb.

Mesto z več zgodovine
Ima ravno tako nekaj več
Ta govor in tišino
Čez hrib
Številne kamnite grobove
Visoke, bele,
Ki predvidevajo
Zgodovino.

Zdaj
Samo predstavljaj si zdaj ironijo
Sreče
Ali isto usodo s Sarajevom
In ravno tako moja domovina.

Kot da se je pričakovalo moje odraščanje,
Potem me je življenje naučilo
Detajli delijo življenje s smrtjo,
Usoda življenja,
Kjer je bilo življenje enako
S ceno krogle.

Zdaj
Vsakokrat, ko bom govoril
O Sarajevu,
Bom pokazal epizode
Življenja,
V katerem je glavni lik
Smrt.

Sarajevo. 21. marec 2012

BESEDE ŽIVIJO V MISLIH V GLAVI

Besede so planeti
Živijo v mislih v glavi:
Imeti vodo, zrak in svetlobo,
Kot zemlja
Vir življenja.
S Soncem dozoreva sadje
Misel
Pride in se združuje
Kot zvezde v ozvezdju
Kako močni so, oni že vedo.

Prinese okrog sam
ustvarjajoč njihov dan in
Noč
O mislih
Ustvarjajoč sezone,
Tako da
Se življenje razvija v besede,
Ustvarjajo planetarni stil življenja.

Nekateri so živahnejši,
Ostali bolj divji,
Zanesljivi.
Odvisno od tega, kdo jim govori in kdaj,
Kjer piše:

Kdaj so okusni
Z mano je v redu
Ampak tujec,
Ko izzove potres.

Tirana, 22. oktober 2012

LIRSKI HOD

Ne govori veliko o ljubezni
Odpira oči zjutraj,
Zvezde so se nostalgično nasmehnile:
Ne zahteva veliko časa
Čas
Ne gre naprej
Samo.
Vzemi si čas in bodi srečen s seboj,
Na poti smo te spoznali
Osamljenost
In tvojo odsotnost
Ponovno,
Ponovno nadaljujemo, hodimo
Dan se giblje v poldne.

Lirska hoja
Od obale do obale,
Od doline do doline,
Potujemo do neznane države
Proti novemu poznanemu,
Kako na veliko smo začeli
Kako veliko smo naredili do zdaj.
Čas
Ki čaka, je izgubljen čas,
Zakaj nam ne govori o ljubezni,
Za vire, ki izvirajo
In se nikoli ne utrudijo.

Ne dovoljujem si vprašati
Sebe
Za pozabljene motive.

Brez sanj
Obvaruj nas z našimi stališči.
Nekoč davno,
Ko sem želel ljubiti,
Čas ni imel časa;
Kasneje,
Ko so odšli
Odhodi
Igra je spremenila svoja pravila.
Zdaj,
Ko želim iti dalje,
Je dan pripeljal do ničesar.

Ni več časa!
Za rituale govorimo v drugem času.

Milano, Italija, 31. avgust 2012

DEFINIRANI PORTRET

Z nagiba sem obrnil svoje oči,
Ko sem videl perle v grlu
Iz svojega uma sem začaran
                    Stara ljubezenska pesem Rugove

Vse v sanjah
Tako tudi moj prihod,
To mora odpreti oči raja
Videti nekaj skupnega danes.
Prihaja
Združuje se z besedo,
Daj mi tvojo potrpežljivo tišino
Preboli vetrove,
Ki trepetajo,
Samo tvoja potrpežljivost zdrži
Vse nevihte.

Rad imam tvojo besedo kot ti
Vroče in lepo s premerom,
Kot vrtnica je moja draga,
Greva naprej.
Pojdiva na vlak
Ali pa naju bo zapustila pomlad,
Kdo bo potem delal zelenje cvetju
Kako bo rasla trava.

Ti si kot ta pesem,
Ki je napisana zate,
Besede kot tvoje dihanje
V delih ljubezni,
Z malo več
Opisovanja,
Se lahko nadaljuje igra.

Karakter
Krščen s tokom časa brez imena,
Brez podatkov,
Brez mesta
Kot da ste vsi dobro
Kakor stvari zgledajo
Želimo,
Kolikor je kot ta dešifriran portret.

Dukaj, Rugova, 15, julij 2012

MORDA PREČKAJO NAŠE MEJE

Pisanje je eno največjih zadovoljstev zame.
Tu je isto in ogromno mučenje.
Ampak to je edina stvar, ki me ohranja živega.
Alice Monro

Nek večer sem videl sebe nevidnega
Na trgu najinega veselja,
Do neštetih razgovorov,
Krstil sem brezimne stvari.
Danes je daleč za dve navodili
Ljubezen
Živim v prognozah.
Jesen s pejsažem odprtim,
Ni daleč, niti pozno
Nimam svojih pozab
S stez, ki so me odvedle od tebe,
To je to
Izgubil sem sebe.
Izven vsega, kar se je zgodilo
Med tabo in mano,
Se je sčasoma zgradil kitajski zid:
Vse je izginilo,
Kako naj krstim pogled,
Ki je očitno top
Neizsanjane sanje,
Pa kako se uči v meni impulz.

Z RAZLOGOM

Tu so trije pogledi:
Kar vidimo
Nato, česar ne vidimo
In tretje,
Tisto, kar nam je na umu.
Razlogi so kot tisti,
Izpolnjeni z robo.
Zato živimo z razlogom,
Prodajamo in kupujemo izgovore.

Imamo tri smeri:
Prva nas vodi k nam,
Druga nas vodi od nas samih,
Tretja ne privede niti mene, ne tebe
Zgubimo sami sebe
Izbiramo želeno smer
Ali pa nas vodi.

Kot kar lahko vidimo
Kot vozilo, kot razlog
Kako veliko akcije, kako veliko razlogov
Skoraj isti so
Enačba je izenačena z razlogom
Ena stvar se je zgodila in
Nepredstavljiva stvar,

Navadno
Vse so enake z razlogom,
Kakor kdaj
Kaj naredimo, ko
Ni razloga za razlogom.

Luksemburg, marec 2012

BOG JE REKEL LJUDEM

Z visokimi planinami pokrivam polja,
Z njimi sem naredil prostor za počitek, senco.
Zgodaj in prej da bi prebudil noči
Iz spanja,
Razmišljal sem ves dan.
Kako naredim bolj svetel naslednji dan.

Danes je lažje
Ko propade pot in jih nauči do konca.
Spoznal sem tvoje bolečine in veselja
Da občutim žejo potresa,
Oblake in raj postavljam nate.

Čez hribe, čez valovanje
Dajem tvoje oči da bi videl bodočnost.
Ti imaš sonce in zemljo
Vse kar sem dal njim,
Ti zagotavlja, da vzameš malo več človeka
Da bi videl sen življenja
Lahko vidiš življenje lepo v sanjah.
Bog je rekel človeku
Ko sem to naredil,
Sem dal izjavo: pazi se,
Da skrbiš za vse enako.

Krakow, Poljska, 26. avgust 2008

METAMORFOZE MATERIALA

Govorjenje ni tako veliko delo,
Zakaj mu posvečamo toliko pozornosti,
In zakaj ne težimo k nebeškim telesom
S stališčem, prej,
Preden spustimo besede da kar gredo,
Ki jih ne poznamo;
In dalje čakamo, da bomo odkriti.

Kot nekateri, ki govorijo v tišini
Božji jezik z zvezdami.

Kratko pred govorom
Dajmo, potrkajmo z mislimi na okno,
Da vidimo, koliko časa rabijo,
Za tiste, ki jim odpiramo vrata.

Pazi se,
Da rešiš ostale.
Ostani znotraj sebe,
Govorjenje se klasificira,
Govorjenje z govorom snovi,
Ki teži k višjemu.

Komunikacija ni tako enostavna,
Besede bi se morale slišati
Dopusti nam, da brezkoristno pišemo,
Ker življenje izvira iz snovi predvsem.

DIALOG BREZ MANIPULACIJE
Z DAMO BREZ IMENA

Pusti mi dihati
Piha z juga in severa
Povej mi zdaj: me vidiš ali me gledaš, ti brcaš
V mojem snu:
moja tišina te vidi in sliši.

Tokrat bo naredilo potovanje
Z lastnim: mojim in tvojim
Za samo nekaj korakov,
Ta steza je konec začetka
Da so taka potovanja.

Ta konverzacija, ki jo slišiva skupaj
Je rečena na drugem planetu,
V drugem jeziku
Pojavlja se nama
In izmeček je
Tujec za naju,
Potem naju odvede
Na dva nasprotna pola
Zdaj in ponovno
Naju svet postavlja v sredino
Pred naju se postavljajo oceani
Z dialogi, ki niso vključeni
Slišala sva za to.

Tako govorijo zvezde
Za najine igre brez varanja,
Za brezštevilne konverzacije.

S KATERIM ŽIVLJENJEM ŽIVIJO

Bitka tvoje duše proti duhu lojalnosti.
James Jones

Nezaželene pesmi
Se postavljajo pred mostovi,
Preskočiva jih
Kot na jeznih rekah,
S sramežljivostjo,
Ki jo jemljejo od naju
Kot posnetki pozabe.

Živi in
Neživi
Pletejo himne,
Ponovno ne veva
V kateri živiva bolje.

V kateri zvezdi je usoda?
Polarna zvezda se tako blešči,
In moj pogled
Poskuša prebiti razdaljo,
Ki naju razdvaja,
Ti in jaz, druga stran
Čarobno priznanje.
Ko sem spoznal svoje življenje,
So moji motivatorji dojeli,
Pesmi ptic čez noč,
Ko so mi drugi govorili
Mimoidoči smo, samo staramo se in gremo mimo.

In šel sem mimo mimoidočih
Čist
Usoda verjame, da so v zvezdah.
Zato vsi motivi,
Tega dne in danes.
Začel sem jih stalno planirati
Da bi rešil ostale korake,
Kje zapuščam, kje jemljem.

Ulice življenja vodijo povsod
Verjemi sebi, da nosiš to s sabo,
Ohranil boš čutilo vida.

ŽIVLJENJE JE ŽALOSTEN SEN

V katerem času se pogreša življenje
Ta prezgodnji dež in leta
Uživanje
Ali toplota, ki je v sencah.
Ko naju je skrbelo, da bi ujela pravočasno,
Drugič sva hotela oditi.
Tako je bil sanjač življenja
Kot je žalostno priznanje.

Na kateri način gre dama,
Povej nama
Sledi nama
Tudi korake,
Sanjati pomeni, da ve, kako je to žalostno.
Kaj, prosim?
Tukaj in na drugem koncu življenja
Slediva poželenju brezbožnikov.
Soočiva se
Prelepe
Stvari in nič takrat
Postane nekaj
In sen postane življenje
V žalostnem snu življenja.

KO SEM POSTAL VOJAK

Za tiste, ki so zasedli, so bili vojaki,
Ob priložnosti pete obletnice
neodvisnosti Kosova.

Ko sem postal vojak
Se mi je zdelo, da to nisem jaz,
Nekdo drug je prišel;
Nekdo mi je dal malo ostrine
Đerđa Kastriotija
Malo krono kraljice Teute
Zakon Luke Dukađinija
In začel sem verjeti,
Da je svoboda nekaj popolnega.

Svoj duh smo zavili v zastavo
Oborožili svoje roke s telesi
Naše oči s svobodo
In šli po poti smrti,
K življenju
Življenje brez omejene svobode,
Ki smo je vajeni,
Tako smo tudi zaprisegli.

Ko sem postal vojak,
Domovina pred vsem drugim.
Rekli smo:
Sledi prednikov pojejo Isi Boljetinu.

Mislili smo, da smo dobro,
Ko je dobro Albanija.
Ah, Kosovo,
Prelep prostor.

Te dni
Je svoboda pomenila več kot življenje,
Imeli smo blizu življenje in smrt
Bližje, kot sem bil samemu sebi.
Leta, te mračne noči,
Te dolge poti so šle,
Me zapuščale
Zapomnili smo si, da je življenje postalo cvet,
Samo jutri je postavljeno brez vprašanj.
Vse to je prišlo do danes,
Še stotino laži,
Veliko manj prijateljev in
Ničesar več.

Imamo, kar imamo
In življenje je odsekano od ujetništva,
Bog je to napisal.
V enaindvajsetem stoletju
Je Kosovo postalo svobodno.

Potem čas začne obsojati
Divje kot senca, prisoten v večerih
Na svetlobi lune.
Skupaj s progasto uniformo
Sanj, iluzij ne poznamo
Sebe.
Domovina je bila videti
Kot odgovarjajoča
Svoboda.

STVAR

Kristali so slepilo
F. G. Lorca

Čudne stvari so človeška bitja,
Vse ima svoj videz,
Obliko
Nastanek
Čas in Božje stvaritve.

Njen odtis v mojih mislih
Brez posebnega formata,
Določa parametre snovi.

Dnevi prihajajo in odhajajo, so priča
Za moj videz,
Materialno iz česar nastane beseda
In čas z ljubeznijo.

Razumljivo, tema teorije
Prakticira pristop k slikam brez oblike,
Brez dimenzije.

Še pred prihodom
Se muči z oblikovanjem;
Ena plus ena
Enakost z nami in pikami.

Omejeno v prostoru,
Večer se oglaša in te omejuje.
Od vaše mize do danes
Vsaka steza vodi do mene.

Na vsakem koraku življenja,
Tvoje srce opravi obred
So rezultati v snovi.
Ti pokažejo ljubezen.
Ljubezen, ta veščina duše
Ta kraj je v meni, v tebi.

Zdaj znaš z mojimi čudnimi stvarmi.

Bruselj, 30. januar 2013

DVA TUJCA V VAXJOU

Obstajata dva tujca v mestu
Gospa in gospod,
Vsi ostali so videti drugače.
Niso kot hoja,
Vse kar je izgovorjeno
Je to, kar rečeta tujca.
Eden in drugi sta se srečala
V mestu.

Večer prihaja kot gostitelj in gost,
Obredi izmenjave sužnjev in pogovori
Rastejo
Ekstaza se ne pričakuje,
Razumevanje prihaja v to mesto
Ko se razumejo simboli.

Dva tujca
Zgledata, kot da sta se srečala prvič,
Ne kot je
V mestu z ljubezenskimi legendami.
Prvi in zadnji
Enkrat sta se srečala,
Te noči sen intelektualcev,
V katerem je četvero dosežkov
Dobe ljubezni
Ko vsa zgodba ni končana.

V mestu
Sta se zrušila dva tujca,
Čez noč,
Preden sta spoznala jutri.

Sanjanje in ne sanjanje je prišlo
V petek.

V mestu
Pravijo, da je veliko barv
Življenja.
Čudno, ampak resnično
Noč v Vaxjou
Je imela štiri čase ljubezni
Za dva tujca.

Švedska, november 2008,

VRNIL SE BOM K STIHOM

Pomlad poznaš samo po cvetju...
Paul Geraldy

Vrnil sem bom k stihom
Da te spoznam
Ker sem zamudil to noč,
Da nadomestim spanje s sanjanjem
In to mračno noč.
Bodi previden
In malo zapleši na stihe
Te poezije.

Drugače
Kako naj te vidim tega večera,
Ko je moj um sam?

Dve besedi
Z obzirnim glasom:
Slišal sem, da pravi
Glas srca
To je najbolj oddaljen ali najbližji glas
Najnevarnejši.
Samo povedati želim.
Iz moje poezije
Je prišel glas in me poklical:
Ooo hej oooo!

Danes zvečer bom
Besedo zakrpal s stavkom,
Samo da te ohrani v lepem
V mojih stihih
Se mora po vsakem ločilu
Ponovno prebrati.

To noč bom
Prelepo branje,
Da se naučim, kako je opisano srce,
Drseč po straneh zadovoljstva,
Samo, da zvem več o tebi.

Bom
To, kar ne bom počel danes zvečer.
Najboljše iz naslova poezije,
Ker
Ti ostani
Tako kot da je zamračeno.

Oslo, Norveška, januar 2011

SINOČI

Ko sem spal
Vse tekanje, ki se mi je pokazalo
Kako sem lahko del tekme kot sem to mislil;
Ampak samo z vami sem igral.

Zvezde so prišle na sceno
Visoki predstavniki so z mano delili
Vlogo
Adama
S teboj bom plesal, moja Eva.

Če bi se noč nadaljevala v tisoč let
Bi užival v plesu s teboj,
Šlo je in šlo in naredilo
Zanimivo življenje
Z zanimivejšo vlogo.

Pobral sem vse čudeže
Spanja,
Daleč od vsega
Tečem
Do hipa, ko sem prišel iz jutra
Je bila igra končana.

Jutri
Ko se vse igre, vse vloge
Morajo končati,
So mi nudile svojo pozornost;
Sanje, sem hotel reči,
Opravičujem se za šibkost,
Zakaj dela budne moje sanje?

Pariz, 22. marec 2011

MOJ PROSTOR BREZ MEJA

Spomini se grejejo od zunaj,
Oda lomijo te znotraj.
         Haruki Murakami

Dolgi neskončni razgovori
Kot da je bil to konec sveta.
Moje besede so, kot tvoja ljubezen,
Sedim v svoji samoti
Pišem sanje zate.

Na začetku prvega stiha
Je bila samo megla in samo začetki.
Nadaljeval sem,
Začel sem s tabo v tem duhu.

Ne moreš verjeti megli,
Zakaj nisem vzel tvojih oči?
Ko sem odšel,
Da bi videl sebe izgubljenega,
Moja azijska dama.

Kako sva izgubila sebe?

Ti si ne predstavljaš izgube,
Kako bi našla drugo mesto
Nekje daleč od tebe, nekje daleč
Od mene
To spremlja moj čas.

To je razdelilo nebo na dva pola
Sozvezdja.
Svetloba se je vrnila,
Ko sem začel razmišljati, da ustvarjam svetlobo
Zakorakal sem z njenimi koraki.

Poljubi, ki si mi jih nudila enkrat,
Nasmehi brez diha
In prvi čas ljubezni
Sem odprl skupaj
Z najino zgodbo,
Tako sem se približal
Poti brez konca.

Sreča, ime moje princese
Prihajam k tebi
Čakaj me izven mene,
Tu je konec zgodbe
Ta kratka steza
To počnem zaradi tebe, to delam s tabo.

Tvoje dihanje, moja Aziatka
Prenaša madež,
Pot postane svetlejša
Moje oči izpolnjujejo modro nebo.

Ko srce govori
Leti skozi planete in ozvezdja,
Dokler ne ustaviš
Mojega brezmejnega prostora.

Življenje te je izpolnilo z zabavo
Ko hodiš po mojih stezah,
V vseh smereh,
Ki me vodijo do tebe.

Ljubezen z azijskimi čudeži.
Želim oditi,
Ona me čaka povsod
Nekaj me privlači,
Nekaj naju združuje.

Moj neskončni prostor.

Bruselj, 11. februar 2013

ŠEL SEM IZ SVOJE KOŽE

Danes zvečer sem jokal za teboj, Arberi.
Ni me sram, da sem jokal.
Sram me je, da tega ne morem več
in od sramu jočem.
                    Azem Škrelji

I

Pustil sem sebe samega
In odšel nekam daleč.
Nekam izven predvidljivega;
Izven vse umetniške domišljije
In javno sem rekel:
Izgubil sem sebe.
Če je to nekdo videl
Prosim, da objavi mojo senco,
Ko
Začenjam iskati poti na odpadu
Strašne
Za sen
Nečesa lepega.

V kotu domovine,
Kjer živimo v skladu drug z drugim,
Sem rekel sebi
On ni šel in meril tega
S svobodo tiska.

Spremljal sem ga
Blizu, kjer je šel mimo,
Kot potovanje,
Je šel dalje
Bližje k realnosti

II

Ko sem odšel,
Mi je odvzel
Slepila
Kjer je voda vedno čista,
Tudi po tem,
Ko čas nima časa
Za besedila
Napisana na papirju:
o stvari, ki bi morale biti ljubljene,
Tudi, ko jih ne rabite,
Tudi, ko jih ne želite
Domovina je ključna beseda
Vseh ljubezni.

Zakaj te rabijo za to delo?
Drugi imajo besedo,
Tisti, ki so jedli domovino,
Kot volkovi požrejo svoje,
Želel sem …

Zato, nekako z besedami,
Ampak me to ne moti,
Da se ne ustrašim strahu
Naprej.
Ni prostora za odhod.
Ampak je smisel, da se odloži
Moj povratek
Odlašanje, ki ga nikoli nisem želel.
Tišina je zdaj zamudila.

III

Kako sem bil deportiran
Pustili so me samega
Ko se je vrtilo
Okrog telesa
Srečal se je s stvarmi in nesmislom,
Z zmedenimi sanjami,
S surovim in edinstvenim,
Govoreč in molčeč z besedo.
Ne biti jaz,
Vprašal sem se,
Je ali ni ta država
Domovina
Seme moje rastline, albansko steblo,
Kjer so rasli ti grenki plodovi?

IV

Če je bila negotovost v zvezi s stvarmi
Je čas vedel,
Čas je dobro vedel,
To je dolgotrajno.
Zato se vrni nazaj v mojo kožo
Rekel sem si in se vrnil;
Domovina se ovija okoli vratu,
Napolnjena s časom
In prinesel mi jo je
Dal mi jo je, kot zdravnik da zdravilo:
Pojdi zdaj,
Pojdi, nadaljuj.

Si se kdaj
Vprašal, kdaj ne vemo
Kam so šli odhodi?

BUJENJE V SANJAH

V snu ali v pameti
Ni pomembno,
Važno je, da sem s tabo
Šel čez veliko vodo,
In nosil mali svet.
Po tem ven na sprehod
Sam na poti vse do tebe.
V vrtu planinskega cvetja,
Sta posejani dve semeni
Povečali smo jih spravili spodaj,
Šli smo dalje.

Končno, celo, ko so bile sanje njihova življenja
Tudi ti veš draga, da
Ne glede na to, kolikokrat sem te ljubil
Večer ni bil večer,
Dan je prebudil spanje.
In kot sem rekel:

Sprehajala sva se skupaj
Od mesta do mesta,
Od cveta do cveta, od mene do tebe in obratno,
Tisto, kar je pomembno, je epilog tega dogajanje.
S tabo sem hodil po ostrini sveta
Skozi polni libido igre,
In kjerkoli sva se videla, je bila svetloba.

UMIRJENO

Te črke je napisal nekdo.

Nekdo drug bo prišel,
Do božične mize,
Na stolu.
Na katerem bi moral sedeti jaz?
Vzemite nekoga zvečer.

Te črke je napisal nekdo.

Sadje danega časa,
Je nekdo pojedel,
Zaman so nabrušeni današnji zobje
Za to proslavo,
Resnica je nekje drugje.

Te dni nekdo pomni in pozablja.

Pot skozi katero je nekdo
Enkrat šel
Se v popolnosti izpolnil s presenečenji.
Zavrniti in ostati.
Nekdo za ta praznik to lahko stori
Spomni se,
Zdaj za vse, kar se lahko stori
Čas ustvarja umirjenost.

ČEMU KARKOLI, KO NE BO PRIŠLO

Med tem, ko je bil tunel, če ni bil nekdo drug,
Temna puščava, moj tunel.
Ernesto Sabato

Vedno čaka pesnika,
Most, čez katerega prevladujejo sami sebe
Dnevi in tedni te sezone
Hladno,
Gostitelj
Sledi mimoidočega,
Samo opravlja svoje delo.

V odsotnosti povratka
Opozorilo,
Sprejem je otežen
Pisanje.
Tako,
Iz dneva v dan
Čas čaka,
Dolgo čakaš na kazen,
Čeprav je čas,
Prišla je v njen sen
Stegne roke na peč
Odstranjena
Od danega sporazuma,
Zaprta za preteklo zgodbo.

Kaj, če ona ne pride,
Premagal se bom
In prišel k tebi.
Da vstopim v tvoje besede, tvoje stavke.
Da ponovim
Moje posebno ime
In tvoje,
Da ti napolnim glavo s spomini,
Duh je zate odprt, sijajna ljubezen.

V igri
Ni vse končano,
Če je želja večja od možnosti.
Poznaš poezijo,
Da ima poezija svoja pravila,
Kot ljubezen.
Pesnik je rekel:
Med mesom in pšenico,
Med nebom in zemljo,
Pridi zdaj malo k meni,
Odrekla se bova malo ljubezni za duše.

ZAMIŠLJENA RAZPRAVA

Domišljija kliče,
Na srečo v mojem imenu
Čas nima časa za ljubezen danes zvečer,
Ker ljubi nekaj drugega.
Paralizirana igra je bila nekoč motiv,
Zdaj je prisotno to,
Kar ni moje,
Ko dela tvoje:
Želja odpira okno,
Da bi videla domišljijo,
Kako prihaja in se ustavi pred vrati
Z mislijo.

Odhajam od sebe
Draga,
Rad bi še briljantnosti
Moja inteligenca,
Ampak odgovarjam na poziv:
Nimam časa za polemike.
In pravzaprav,
Redno se prepiram z domišljijo.
Ne strinjam se s tem, da čas nima časa
Za ljubezen.
Moj čas ima časa za vse,
Celo za nič, konkretno zdaj
Ali celo za nevidne stvari.

Pogosto,
V odsotnosti popolnosti
Idej
Si predstavljam fantastično ljubezen
In dobro je znano da,
Kjer je razvita polemika,
Razlogi in ne razlogi
Samo z voljo, nikoli ne s sovraštvom.

Pa kaj
Če um gre v glavo,
Gre v srce.
Za čas je vedno čas,
Ko zvečer
Zaplavam v njen duševni intimus,
Za neko črto scenarija
Noč
Greva na obalo dogajanja.
Fantastično
Ustavil sem čas blizu mene
Brez ozira na vse
Sedim in čakam.

Zamišljena polemika ali domišljija polemike
Po vsem tem, sva ti in jaz drugačna,
Imela bova malo časa danes zvečer,
Vsaj dovolj za piko ljubezni.

ŽELIM SE TI PRIBLIŽATI

Vedno si mala zvezda in jaz mračni mornar.
Vedno obešen in obrnjen v desno.
Odisej Elitis

Ko sonce zaide, naj te skrbi
Ostane z menoj,
Ko grem v noč, potem izgine.
Tako presenečenje, vse zgleda dremavo,
Tudi jaz
Se ti želim približati.

Ne predvidevaj, kako prihaja
Zanimiva ideja, polna briljantnosti
Mi polni glavo,
Pretvarja moj um v ogenj.
Ogenj ljubi zate.

Lahko je to le ideja
Ljubezen razširjena, kot ptica v letu
Pod nebom
Presenetljivo, prihajam k tebi vsak dan
In ti skrivaš mojo obleko pred razmišljanjem.
Zaradi tebe vedno mislim na goloto.

Budimpešta, 17. januar 2010

TERMIN KAOTIČNEGA PROSPEKTA

Resnica je kot svetloba.
Vedno sveti.
Albert Camus

Da bi dal oči modremu nebu,
Kot sonce na zemlji zjutraj
In da bi postal bela ptica, leteča
Vznemirjena zaradi oblakov.

Da bi se vzpel na vrh gore,
Vsi ti obrazi so vrženi v oko
Moj um je prižgal luči,
Da bi bolje videl najine korake.
Dve ali tri besede, ki me delajo srečnega,
Resnica pretvori v iluzijo
Pazi da to postane resnično.

Načrtovana bodočnost,
Kot pomlad s cvetjem, samo je ozelenelo,
V poletje sem prišel udobneje.
Enostavno da bi predvidel čudež,
Nebo je skusilo to življenje.

Ne pozabi ljubezni,
Niti poti, ki naju razdvajajo
Noči brez mesečine.

Da se vrneva še enkrat
Na začetek,
Doživeti nov dogodek.

Z obračanjem pogleda
Iz nebes na Zemlji, ostane tišina
Prosite, ljubite, pazite na svoje srce;
Ko srce uspe,
Ta vrnitev ni tu
Vse kot življenje gre naprej.

Koordinate
Dati jih v skladu z arhitekturo – baroku.
Ko nadškofa skrbi
Duh samo gradi.
Jaz in ti, draga,
Da bi nadaljevala moč neumnih,
Se vrniva k sebi
Še enkrat od začetka.

Vse ima svojo obliko,
Kot to kaotično predvidevanje.
Termin, ki ga želim ustvariti,
S šarmantnim imenom.

Vsaka beseda mi pove:
Izberi me,
Izberi me kot ime,
Ko sem povsem slučajno
Imenoval moje napovedi:
Zanemarjena ljubezenska slika.

KJE RASTEJO RASTLINE LJUBEZNI

Dovolj sem videl... dovolj sem imel...
Dovolj sem vedel...
Arthur Rimbaud

Nekje daleč,
Tam, kjer se lomi neposredna bližina,
Njihove prelomnice,
Kjer rastejo rastline ljubezni,
Odrezana semena maščob
Do te poti vidiva.
Dogodke čudnih ljudi,
Pomlad ima svoje ime.
Oddaljena ljubezen od tebe.
Ta dan ima svoje korenine v marcu
Pomladi, ki sledi zimi
V vseh ki imajo upanje
V meni seje lirske stihe.
Vse gre svojo pot
Jaz in ti sva stala daleč
Nekje daleč,
Bulevar blizu tvoje hiše,
Dneve in noči, ki sva jih preživela
Enkrat skupaj,
Sva grela s poljubi in besedami
Na prvem mestu,
Najprej, ko sva začela z najino ljubeznijo

Bil je marčevski dan,
Morda kot danes,
Sonce je ojačalo aromo cvetov,
Pariz ljubi ljubezen.
Kako dobro je, ko sva se spoznala.

KO SVA SKUPAJ, IMAVA EDEN DRUGEGA

V posteljo
Predvidevam, da lahko greš sama,
Noč se je valjala v samoti
Ampak spanja ni v tvojih očeh.
V meni
Neznanec ima nohte v Kristusovem evangeliju,
V prepolovljenem duhu
Mi manjka tvoja odsotnost.
Pred petkom si predstavljam ekstravagantnost
Tvojega princa
Dolge poti v kratkih sanjah
Se pojavljajo v tebi,
Ko traja sanjava noč s tabo
Še ena,
Rabiva sporočila
V mojem govoru napisana v poeziji
Zanemariti čas,
Vprašati nostalgijo.
Kličem jo zmečkano.
Pridi spat, kot spiš.
Izgnan sem v tvoje mesto,
Čeprav ne hodi k meni nocoj,
Ne moreva pobegniti od naju samih,
Ker imava eden drugega v sebi.

Atene, 21. maja 2013

SLEDOVI

Iščem in hočem
Valove slabega vremena.
Ni sledi mojih korakov,
Ali kar lahko zgleda koz oznake.
Odhajam ko hodim.
Povej mi
O potovanju
V megleno vreme.
Najine priložnosti
Me spremljajte v neznano.
Teptajoč življenje,
Sva pustila odtise, ki so naju privedli
V enaindvajseto stoletje.
Čas je pustil neke
Nepojasnjene oznake na naju.
Sledovi s sprehoda skozi Iliriko,
Čez polotoke pred dva tisoč leti,
Ti si veličasten.
O, ti moji odtisi!

ČLOVEK

Ko je gledalo njegovo senco
Je telo vprašalo človeka
Zakaj ni bil
Nekdo drug.

ODGOVOR NA TVOJO REPLIKO

Bilo je trnasto potovanje
Vse je vzel s sabo
Pričakuje se to pričakovanje
Prihaja nepričakovano
In usmerja svoje sanje
Proti izraženim stvarem
Proti ljubezni.

Kaj se dogaja
Očitno so vse poti
Skupna steza
Še vedno neprekinjena,
Ko sanjam o snu.

Kaj je zdaj?

Potem
Krik postane starejši
Jutri postane danes
Obtičal si v popoldnevu
Mislim, da to veš.

Zapomni si
Bilo je trnasto potovanje
Preteklost je zarjaveli dogodek
Od včeraj
Od danes.

JETON KELMENDI, pesnik, dramatik, publicist, prevajalec, založnik ter univerzitetni profesor in akademik.

Rojen v mestu Peja, Kosovo (1978), končal osnovno šolo v rojstnem kraju. Kasneje nadaljeval študij na Prištin- ski univerzi in diplomiral iz množuičnih komunikacij. Podiplomsko izobraževanje je končal na Svobodni univerzi v Bruslju, kjer se je specializiral v mednarodnih in varstvenih študijah. Drugi magisterij je pridobil iz diplomacije. Kelmendi je naredil doktorat iz "vpliva medijev na politično varnostna vprašanja EU". Trenutno je profesor na AAB univerzi. Je aktiven član Evropske Akademije znanosti in umetnosti v Salzburgu v Austriji. Trenutno živi in dela v Bruslju v Belgiji in v Prištini na Kosovu.

Že vrsto let piše poezijo, prozo, eseje in kratke zgodbe. Redno objavlja v pomembnejši časopisih v Albaniji in v tujini. Piše predvsem o kulturnih in političnih temah, še posebej o mednarodnih aferah.

Jeton Kelmendi je postal kod avtor prepoznaven že po izidu svoje prve knjige "Obljube stoletja" leta 1999. Kasneje je izdal več različnih knig. Njegova poezija je prevedena v več kot sedemindvajset jezikov in izdana v večih mednarodnih literarnih antologijah. Je najpogosteje preveden albanski pesnik in zelo prepoznaven v Evropi. Po mnenju več literarnih kritikov je Kelmendi najbolj reprezentativen predstavnik moderne albanske poezije. Mednarodni kritiki in avtorji so o njem precej pisali in ga cenijo kot velikega evropskega poeta. Je član večih mednarodnih literarnih klubov in društev ter veliko objavlja v različnih literarnih in kulturnih revijah, še posebej tistih v angleščini, francoščini in romanskih jezikih.

Presežek njegovih literarnih delse skriva v njegovi pozornosti do poetične izraznosti, modernega raziskovanja jezika in globine sporočila. Osredotočen je pretežno na ljubezensko tematiko, in eliptične verze, prepletene z metaforami in artističnim simbolizmom.

Poezija:
"*Obljube stoletja*" (Shekulli i Premtimeve, 1999)
"*Onstran tišine*" (Përtej Heshtjes, 2002)
"*Če je popoldan*" (Në qoftë mesditë, 2004)

"*Domovina, oprosti mi*" (Më fal pak Atdhe, 2005)
"*Kam gredo prihodi*" (Ku shkojnë ardhjet, 2007)
"*Prihod izza sledov vetra*" (Erdhe për gjurmë të erës, 2008)
"*Čas ko ima čas*" (Koha kurë të ketë kohë, 2009)
"*Tavajoče misli*" (Rrugëtimi i mendimeve, 2010)
"*Krst duha*" (Pagezimi i shpirtit, 2012)
"*Kličem pozabljene stvari*" (Thërras gjërat e harruara, 2013)

Dramatika:
"*Gospa beseda*" (Zonja fjalë, 2007)
"*Igra in anti-igra*" (Lojë dhe kundër lojë, 2011)

Politička znanost:
"*EU misija na Kosovu, po njegovi neodvisnosti*" (USA, 2010)
Slab čas za znanje (Kosovo, 2011)
"*NATO-EU misije, kooperativno ali kompetativno*" (Albania, 2012)
"*Vpliv medijev na politično varnostna vprašanja EU*" (Belgija, 2016)

Mednarodne nagrade:
Prestižna mednarodna nagrada Solenzara, Pariz (Francija, 2010)
Nagrada Dina Mehmetija (Kosovo, 2011)
Častni doktorat (Ukrajina, 2012)
Nagrada Nikolaja Gogolja (Ukrajina, 2013)
Nagrada Aleksandra Veliki (Grčija, 2013)
Nagrada svetovne poezije, 3. mesto (Bosna in Hercegovina, 2013)

Prevajalec leta (Kitajska, 2013)
Nagrada Ludwiga Nobela, (Rusija, 2014)
Nagrada Najina Namaana (Libanon, 2014)
Nagrada Nane Tereza (Kosovo, 2014)
Mednarodna nagrada „Pesnik leta 2016", Sofly
International literature foundation (2017)
Mednarodna nagrada „Svetovna ikona miru",
Svetovni inštitut za mir (Nigerija, 2017)
Mednarodna nagrada „Svetovna poezija"
(Kazahstan, 2017)
Častni doktorat Nacionalne vzhodne univerze,
(Paragvaj, 2017)
*Častni doktorat Inštituta za ukrajinske in kavkazijske
studije na Ukrajinski akademiji znanosti*

Član mednarodnih organizacij:
Evropska akademija znanosti in umetnosti, Salzburg
(Avstrija)
Združenje poklicnih novinarjev Evrope, Bruselj (Belgija)
Evropska akademija znanosti, umetnosti in literature,
Pariz (Francija)
Akademija znanosti in visokega šolstva Ukrajine, Kijev
(Ukrajina)
Mednarodni PEN klub Belgijski Frankofon, Bruselj
(Belgija)
Častni član Mednarodne Akademije "Mihai Eminescu"
(Romunija)
Veleposlanik miru, Svetovni inštitut za mir (2017

Osebna spletna stran www.jetonkelmendi.page.tl

KAZALO

www.ingramcontent.com/pod-product-compliance
Lightning Source LLC
Chambersburg PA
CBHW070018110426
42741CB00034B/2111